Bibliografische Information der Deutschen Nationalbibliothek
Die Deutsche Nationalbibliothek verzeichnet diese Publikation in der Deutschen Nationalbibliografie; detaillierte bibliografische Angaben sind im Internet über http://dnb.d-nb.de abrufbar.

Informationen zu unserem gesamten Programm, unseren Autorinnen und Autoren und zum Verlag finden Sie unter: www.mabuse-verlag.de

Wenn Sie unseren Newsletter zu aktuellen Neuerscheinungen und anderen Neuigkeiten abonnieren möchten, schicken Sie einfach eine E-Mail mit dem Vermerk „Newsletter“ an online@mabuse-verlag.de

4. Auflage 2024

Kasseler Str. 1a
60486 Frankfurt am Main
Tel.: 069/70 79 96-13
Fax: 069/70 41 52
verlag@mabuse-verlag.de
www.mabuse-verlag.de
www.facebook.com/mabuseverlag
www.instagram.com/mabuseverlag

Druck: Prinfinder SIA, Riga, Lettland
Illustrationen und Bildmontagen: Susanne Wunderer, Köln
Umschlag: Tanja Huckenbeck, ffj Büro für Typografie und Gestaltung, www.ffj-design.de
ISBN: 978-3-940529-61-9
Printed in Latvia

Susanne Wunderer

Warum ist Mama traurig?

Ein Vorlesebuch für Kinder mit einem psychisch erkrankten Elternteil

Mit einem Ratgeberteil am Ende des Buchs

Mabuse-Verlag

Das ist Lilli.

Das ist Mama.

Lillis Papa wohnt auf einer anderen Weide, die ist weit weg. Lilli sieht ihn nicht so oft.

Lillis bester Freund heißt Paul,
mit ihm spielt sie am liebsten.

Abends erzählt Mama immer
tolle Gutenachtgeschichten.

Eines Tages ist Mama ganz anders.
Sie ist traurig, müde und spricht
kaum noch.

Abends erzählt sie keine Gutenacht-geschichten mehr. Lilli weiß nicht, was los ist. Sie glaubt, dass Mama böse auf sie ist.

Mit Paul kann Lilli jetzt nicht mehr spielen. Sie will Mama nicht alleine lassen.

Paul erzählt seiner Oma, dass Lillis Mama nicht aufhören kann, traurig zu sein.

Pauls Oma spricht mit Lillis Mama
und erkennt, dass sie krank ist.

Pauls Oma geht mit Mama zu einer Ärztin, die sich mit Mamas Krankheit auskennt.

Pauls Oma erklärt Lilli, dass Mamas Krankheit Depression heißt. Das ist eine seelische Krankheit, die man nicht sehen kann, sondern nur spüren.

Die Depression macht, dass Mama immer so müde und traurig ist. Da hat niemand Schuld daran. Lilli hat nichts falsch gemacht. Die Ärztin hilft Mama, wieder gesund zu werden.

Als Mama in ein Krankenhaus gehen muss, die man Psychiatrie nennt, darf Lilli bei Paul schlafen. Seine Oma erzählt dann abends immer tolle Gutenachtgeschichten.

Nach einiger Zeit ist Mama wieder gesund und fröhlich. Mama und Lilli wissen jetzt, dass es Hilfe gibt, wenn Mama nicht mehr aufhören kann, traurig zu sein.

Über die Autorin

Susanne Wunderer, geb. 1968 in Heidelberg, studierte Sonderpädagogik in Köln. 2000 hat sie das Projekt „Kinder psychisch kranker Eltern“, eine Kooperation zwischen der Frühförderung und der Klinik Alteburgerstraße sowie anderen Einrichtungen der Erwachsenenpsychiatrie in Köln, ins Leben gerufen. Acht Jahre lang hat sie im Rahmen dieses Projektes psychisch kranke Eltern beraten und ihre Kinder heilpädagogisch begleitet. Seit 2011 arbeitet sie als Berufsschullehrerin an der Fachschule für Sozialpädagogik und Heilerziehungspflege in Bonn.

FACHTEIL

Für Eltern und alle, die mit Kindern privat oder beruflich zu tun haben

Es ist nicht leicht, mit Kindern über die psychische Erkrankung eines Elternteils zu sprechen, denn die Tabuisierung dieses Themas ist tief in unseren Köpfen verankert. „Darüber spricht man nicht", das ist die Haltung, die uns von der Gesellschaft anerzogen wurde. Die Angst vor Ausgrenzung sowie Scham- und Schuldgefühle sind sehr groß in den betroffenen Familien.

Aber es ist wichtig und notwendig, dass wir lernen, Kinder darüber aufzuklären, was los ist. So wie wir es bei einer Ehescheidung oder einer körperlichen Krankheit auch ganz selbstverständlich tun. Es sind nicht die Informationen, die die Kinder überfordern. Es ist eine Überforderung für sie, dass sie nicht verstehen, was los ist.

Die psychische Erkrankung eines Elternteils (sei es eine Depression, Angststörung, Schizophrenie o. a.) greift tief in den Alltag, die Eltern-Kind-Beziehung und das innere Erleben des Kindes ein. Fehlen nachvollziehbare Erklärungen, schafft sich das Kind eigene Erklärungsmuster. Und die Fantasien sind in der Regel weitaus schlimmer als die Realität.

So fühlen sich Kinder schuldig und glauben, dass Mama/Papa wütend auf sie ist und sich deswegen so merkwürdig verhält. Sie versuchen schon früh, den erkrankten Elternteil zu schützen, indem sie bei den eigenen Bedürfnissen zurückstecken und ihre Gefühle nicht zeigen. Sie spüren die Verunsicherung, die Ängste der Erwachsenen und schließen aus deren Schweigen, dass sie keine Fragen stellen dürfen. So werden die Kinder mit ihren Ängsten alleingelassen.

Je kleiner die Kinder sind, umso tiefgreifender sind sie von der psychischen Erkrankung der Mutter/des Vaters betroffen und umso dringender müssen ihnen einfache und für sie nachvollziehbare Erklärungen gegeben werden. Da psychische Erkrankungen oftmals zyklisch wiederkehren, tut eine kindgerechte Aufklärung besonders not.

Dieses Bilderbuch bietet einen Einstieg und eine Hilfestellung für das Gespräch mit Kindern ab zwei Jahren.
Im Folgenden werden Tipps gegeben, wie man kleinen Kindern die Erkrankung der Mutter/des Vaters (sei es eine Depression o. a.) erklären kann.

Wer sollte mit den Kindern sprechen?

Jeder, der eine positive Beziehung zu dem Kind hat, kann mit ihm über die besondere Situation, in der sich das Kind befindet, sprechen.

Im günstigsten Fall ist es der erkrankte Elternteil selbst, wenn er/sie sich gerade in einer stabilen und gesunden Phase befindet. Wenn ein gesunder Elternteil, ein Partner oder eine Partnerin mit dem Kind zusammenlebt, sollte diese/r unbedingt auch das Gespräch mit dem Kind suchen. Großeltern, Tanten, Onkel, Nachbarinnen und Freunde der Familie, Erzieherinnen aus dem Kindergarten, all diese Menschen können kindgerechte Informationen geben, wenn dies mit den Eltern abgesprochen ist.

Wichtig ist, dass die Person für das Kind eine Vertrauensperson ist und dass sie das Kind nicht in einen Loyalitätskonflikt stürzt, indem Informationen gegeben werden, die mit den Eltern nicht abgesprochen worden sind. Es ist jedoch möglich, im Kindergarten allgemein das Thema psychische Krankheiten aufzugreifen, z. B. mithilfe dieses Bilderbuchs. Eine große Hilfe ist es, wenn Mitarbeitende der Erwachsenenpsychiatrie diese Aufgabe mit übernehmen und Eltern darin unterstützen, das Gespräch mit ihren Kindern zu suchen.

Ab welchem Alter sollte man mit Kindern sprechen?

Es gibt kein bestimmtes Alter, auf das man warten muss, bevor man mit Kindern über die Erkrankung eines Elternteiles spricht. Man kann z. B. einem Säugling sagen: „Mama geht es heute nicht gut, sie ist sehr müde und traurig, aber Mama hat dich lieb.“ Säuglinge verstehen noch nicht die Worte, aber sehr wohl die emotionale Botschaft, die dahintersteht!

Sie können einem einjährigen Kind erklären, warum Papa heute nicht mit ihm spazieren gehen kann, indem sie sagen: „Papa ist krank, er kann heute nicht mit dir rausgehen. Wenn es ihm besser geht, spielt ihr wieder zusammen.“
Sie können mit einem zweijährigen Kind Doktor spielen und erklären, dass es auch seelische Krankheiten gibt. Dass dann die Gefühle krank seien, und man z. B. nicht aufhören könne, traurig zu sein.

Nennen Sie die Krankheit auch beim Namen, die Worte „Depression“, „Manie“, „Schizophrenie“ u. a. verlieren ihren Schrecken, wenn sie nicht hinter vorgehaltener Hand geflüstert, sondern laut ausgesprochen werden.

Wie kann man mit Kindern sprechen?

Nutzen Sie eine Zeit, in der Sie mit dem Kind ungestört sind und planen Sie 15–20 Minuten ein. Mehr Zeit braucht es oft nicht, bei Dreijährigen reichen oft zehn Minuten. Reagieren Sie auf Fragen des Kindes und beziehen Sie diese in das Gespräch mit ein. Erlauben Sie dem Kind, eigene Gefühle zum Ausdruck zu bringen. Weinen oder Wut zeigen ist eine normale und gesunde Reaktion und hilft, schwierige Situationen besser verarbeiten zu können.

Betrachten Sie gemeinsam mit dem Kind das Buch und lesen Sie die Geschichte vor. Sie kann auch frei erzählt werden. Stellen Sie eine Verbindung zur Situation des Kindes her. Benennen Sie die Krankheit der Mutter/des Vaters.

Unterscheiden Sie zwischen körperlichen Krankheiten, die man meistens sehen kann (einen Schnupfen, ein gebrochenes Bein) und Krankheiten, die man nur spüren kann. Erklären Sie, dass bei einer seelischen oder psychischen Krankheit die Gefühle krank sind. Z. B. wenn Mama nicht mehr aufhören kann, traurig zu sein, oder Papa immerzu Angst hat.

Für das Kind ist es wichtig zu wissen, dass niemand etwas dafür kann, dass Mama/ Papa krank ist. Mama/Papa hat es lieb, auch wenn sie/er das nicht immer zeigen kann.

Sagen Sie, dass Mama oder Papa wieder gesund werden kann. Z. B. wenn er/ sie Medikamente nimmt, zur Psychiaterin oder zum Therapeuten geht oder in der Klinik behandelt wird. Dies könne aber möglicherweise ein bisschen dauern. Es kann auch sein, dass die Krankheit zu einem anderem Zeitpunkt wieder auftritt. Deshalb ist es gut, wenn Kinder ihre Freundinnen und Freunde nicht vernachlässigen und jemand für sie da ist, wenn es Mama/ Papa schlecht geht.

Formulierungsvorschläge bei verschiedenen psychischen Erkrankungen

Depression:
Man kann nicht aufhören, traurig zu sein, und ist immer furchtbar müde. Man mag morgens nicht aufstehen, sich nicht anziehen, nichts kochen und nichts essen. Man mag nicht sprechen und nichts hören, weil alles so schrecklich anstrengend erscheint.

Manie:
Eine Manie ist das Gegenteil von Depression und tritt manchmal im Wechsel mit ihr auf. Man kann dann nicht stillsitzen und hat das Bedürfnis, immerzu zu sprechen. Man will alles gleichzeitig machen und kann nicht schlafen, weil zu viele Gedanken und Ideen im Kopf herumschwirren.

Schizophrenie:
Man hört, sieht, fühlt oder riecht Sachen, die gar nicht da sind. Man hört z. B. Stimmen, die sonst keiner hört. Man sagt oder tut dann komische Dinge, die scheinbar keinen Sinn ergeben und manchmal auch Angst machen.

Phobie:
Das ist, wenn man nicht mehr aufhören kann, vor etwas Bestimmtem Angst zu haben, z. B. in ein Kaufhaus zu gehen, mit der Straßenbahn zu fahren oder mit dem Flugzeug zu fliegen. Die Angst ist dann riesengroß und man glaubt, es nicht aushalten zu können.

Sucht:
Es gibt verschiedene Formen von Suchtverhalten. Bei einer Esssucht z. B. muss man immerzu essen und kann nicht damit aufhören, auch wenn man das gerne möchte.

Bei einer Magersucht isst man zu wenig. Man wird dann immer dünner und glaubt trotzdem noch, man sei zu dick und müsse weiter abnehmen. Es gibt noch andere Süchte, z. B. die Sucht, Alkohol zu trinken oder Tabletten zu nehmen.

Wer kann weiterhelfen und Fragen beantworten?

- Familien- und Erziehungsberatungsstellen
- Allgemeiner Sozialer Dienst beim Jugendamt
- Deutscher Kinderschutzbund
- Frühförderstellen
- Angehörigengruppen
- Kinderärztinnen, Hausärzte, Psychologinnen und Psychiater können eventuell Hilfsangebote in Ihrer Nähe nennen.

Eine erste Fassung dieses Ratgebertextes erschien 2008 in: Mattejat/Lisofsky (Hrsg.), „Nicht von schlechten Eltern. Kinder psychisch Kranker.“, Balance Buch und Medienverlag.

Schirin Homeier

Sonnige Traurigtage

Ein Kinderfachbuch für Kinder psychisch kranker Eltern

8. Auflage 2020
127 Seiten, gebunden
Format 16 x 24 cm
28 Euro
ISBN 978-3-86321-534-7
Für Kinder ab 7 Jahren

In letzter Zeit ist mit Mama etwas anders: Sie ist so kraftlos und niedergeschlagen. Auf diese „Traurigtage“ reagiert Mona wie viele Kinder psychisch kranker Eltern: Sie unterdrückt Gefühle von Wut oder Traurigkeit, übernimmt immer mehr Verantwortung und sehnt sich nach glücklichen „Sonnigtagen“. Erst als sich Mona einer Bezugsperson anvertraut, erfährt sie, dass ihre Mutter unter einer psychischen Krankheit leidet und fachkundige Hilfe benötigt.
Im Anschluss wendet sich Mona mit wesentlichen Fragen direkt an das Leserkind: Was ist eine psychische Erkrankung? Bin ich schuld daran? Wer kann Mama oder Papa helfen? Mit wem kann ich reden? Außerdem wird ein Notfallplan für Krisenzeiten eingeführt.
Im Ratgeberteil bekommen private und professionelle Bezugspersonen Anregungen, um betroffene Kinder zu unterstützen.

»Ich bin wahnsinnig dankbar für dieses Buch. Es ist ein wirklich sehr wertvolles komplettes Werk, welches ich jedem, der an Depressionen leidet und dies seinen Kindern erklären möchte, empfehlen kann.« (Claudia Tuchscheerer, Blog Engelchenswelten, Juli 2021)

Jetzt beim Mabuse-Buchversand kaufen!
– portofrei innerhalb Deutschlands –
bestellen@mabuse-buchversand.de
www.mabuse-buchversand.de

Mabuse-Verlag